THE 5 YEAR JOURNAL

By DOREENE CLEMENT

THE 5 YEAR JOURNAL
By DOREENE CLEMENT

INTERNET: http://www.The5YearJournal.com

Copyright © 2006 Doreene Clement
All Rights Reserved

No part of this publication may be reproduced or transmitted in any form or by any means, mechanical or electronic, including photocopying and recording, or by any information storage and retrieval system, without permission in writing from author or publisher (except by a reviewer, who may quote brief passages and/or show brief video clips in a review).

ISBN 1-933596-23-6: *THE 5 YEAR JOURNAL for Women* (White Flower Version)

ISBN 1-933596-33-3: *THE 5 YEAR JOURNAL for Men* (Open Book Version)

Published by:
MORGAN · JAMES
THE ENTREPRENEURIAL PUBLISHER
Morgan James Publishing, LLC
1225 Franklin Ave Ste 325
Garden City, NY 11530-1693
Toll Free 800-485-4943
www.MorganJamesPublishing.com

Habitat for Humanity®
Peninsula
Building Partner

A portion of the proceeds of the sale of this book are being donated to Habitat for Humanity Peninsula.

This Journal Belongs To

Name: _____

Address: _____

City: _____ State: _____ Zip: _____

Phone #: _____ 2nd Phone #: _____

E-Mail Address: _____

Secondary Contact Name: _____ Phone #: _____

Day I Started My Journal: _____

Day I Completed My Journal: _____

I would like to thank everyone who has been involved with me and THE 5 YEAR JOURNAL for their endless love and support: all those who have purchased 5YJ, all those who have used 5YJ, and all those who have believed not only in me, but the endless value of 5YJ.

Love To All, Doreene

THE 5 YEAR JOURNAL

Table of Contents

Introduction – The Purpose	1
Doreene Clement's Reflections	2
Doreene's Sample Journal Page	3
How To Use This Journal	4
Using The Journal & Workbook Sections	5
When You Start Your Journal	6
Goals/Resolutions	7
January Focus Thought	**8**
January 1-31 Journal	9-24
January Month End Summary	24
February Focus Thought	**26**
February 1-29 Journal	27-41
February Month End Summary	41
March Focus Thought	**42**
March 1-31 Journal	43-58
March Month End Summary	58
Quarterly Questions	59-63
April Focus Thought	**64**
April 1-30 Journal	65-79
April Month End Summary	80
May Focus Thought	**82**
May 1-31 Journal	83-98
May Month End Summary	98
June Focus Thought	**100**
June 1-30 Journal	101-115
June Month End Summary	116
Quarterly Questions	117-121
July Focus Thought	**122**
July 1-31 Journal	123-138
July Month End Summary	138
August Focus Thought	**140**
August 1-31 Journal	141-156
August Month End Summary	156
September Focus Thought	**158**
September 1-30 Journal	159-173
September Month End Summary	174
Quarterly Questions	175-179
October Focus Thought	**180**
October 1-31 Journal	181-196
October Month End Summary	196
November Focus Thought	**198**
November 1-30 Journal	199-213
November Month End Summary	214
December Focus Thought	**216**
December 1-31 Journal	217-232
December Month End Summary	232
Quarterly Questions	233-237
Year End Questions	238-242
The Best Thing…This Year Was…	243
The Worst Thing…This Year Was…	243
Q and A Year End	244
Create Your Own Topic	254
Year End Summary	255
THE 5 YEAR JOURNAL Summary	255
Encouragement…On Journaling Next Year	256
Bio on Doreene Clement	257

THE 5 YEAR JOURNAL

Introduction – The Purpose

Where were you a year ago?
What were you doing 2 years ago?
What were you feeling 3 years ago?
What were your dreams 5 years ago?

THE 5 YEAR JOURNAL is an amazingly powerful tool. It will enable you to journalize and plan the next 5 years with what you want, what you have felt, and where you have been. Year by year your entries add to the total summary of your feelings and events, until, on one page you can look back at the past years, up to 5 years - day by day - thought by thought – experience by experience.

We tend to be hard on ourselves, not always giving ourselves the credit due for what growth and change has occurred. Journalizing in this Journal and in the Workbook sections, over a 5 year period will memorialize what was happening. Then having 5 years to look back upon, at one glance, can give us a more accurate reflection of what did or did not happen in the past.

Recording a relative reflection creates an accurate record of memories that we can then use for assessment and personal growth. This Journal will be a reminder and support, of where we have been and where we want to go with our lives. Even if you already journal, THE 5 YEAR JOURNAL can be effective in addition to what you are currently doing. This Journal can be a quick and easy tool for highlights and learning from hindsight. THE 5 YEAR JOURNAL has a unique design that allows you to start journaling any day of the year.

With the passage of time we gain a different perspective. Time is a healer and what was once hard or unbearable can now make more sense, giving us a clearer picture. Recording and tracking our lives in this Journal can actually bring relief, clarity, joy and laughter. You can also use the Month End Summary, Quarterly Questions, Year End Favorites, The Best and Worst Things That Happened to Me, Q and A Year End, Create Your Own Topic, and Year End Summary as meters to track experiences at a glance.

Imagine sitting down, just you or with friends, remembering that favorite movie or favorite song, reading about what you were doing, what you were feeling, or what was happening in your life on a specific date. With this Journal there will be a first hand account of what was, what had happened to you in your life. With the distance and time in-between, you may have a new experience with your past and create a more rewarding future. Imagine passing this Journal on to a friend or family member so they could know you and your history. They could feel your joys and successes, and experience your pains and sorrows.

This Journal can also be used for personal or business items, recording important dates, future deadlines, anniversaries, and more. Dates important in your future can now be pre-recorded for a manner of easy reminding.

The most important idea to remember about THE 5 YEAR JOURNAL is that you now have a quick and easy-to-use tool that can be an asset for your well being. It can enhance and assist you in the many ways that you choose to use it. It can be fun.

D.C.

THE 5 YEAR JOURNAL

Doreene Clement's Reflections

In just minutes a day Journal daily in THE 5 YEAR JOURNAL

Easily summarize your day, create a gratitude journal, a health or diet journal, a prayer or dream journal, track your goals and intentions and so much more, within these pages. If you want to journal more, use a blank book first then come back to 5YJ.

For me, Journalizing is remembering.

To accurately and honestly remember the subtle details of personal and emotional experiences, I like to write them down. Writing makes what I want to express more solid. It allows me to be more aware and conscious. It helps me to not only visualize, but I feel a sense of release and relief after writing.

I sometimes discount my accomplishments, not always giving to myself, the support and recognition of what I've actually achieved and to what degree. Through the years friends have supported and reminded me of my successes and accomplishments, but my particular personal slant sometimes discounts my own growth, gain, and success. This is one reason I started to write, to Journal my life.

Through Journals I learned that I am usually doing better than the credit I give to myself. I can easily stop myself from going into a negative binge. I use my Journal to remember, the tool and the advantage that hindsight can be.

Another reason I started to write in Journals was because there is something that happens after I write about my thoughts, feelings, and experiences. It helps me to understand and even let go of my thoughts and experiences more easily. Writing helps to free my mind – and focus. I am more creative and can create and hold new thoughts more easily, because I have made the room in my mind and with my time. Writing helps me to heal.

I have learned not to live in my past experiences. I now reflect back for lessons rather than dwell in the past. I can now use the past as a resource. I have even problem solved and invented in my dreams, waking in the middle of the night to record my dreams and ideas.

On the days that I make a list of "things to do," it organizes what I want to accomplish for the day – and it organizes me. It organizes my thoughts and focuses my direction. The things I have to do may change. I can leave something off the list, or not get to some of the items, but it is all written down. Nothing gets lost. There is a focus and my tasks are made solid. As I finish each task I cross it off my list, gaining the feeling that I have accomplished my goals. I have created a success, some large and some small, but successes all.

Journalizing does the same for my thoughts and emotions. I make a list of where I've been, what I'm feeling, and what I'm doing. I itemize through the writing - where I am, what my fears are, what I'm happy about. I create a current and ongoing truthful inventory of me.

My Journalizing helps me remember to remember. I can change my mind. I can feel differently. I can make mistakes. Right then and there - when it was written down - that was where I was at. Through the years I have come to know myself better. I have come to accept more of myself. I have learned and am learning still. I have gained and I can say I have changed and can change some more. I know these facts about myself because I kept a record. A written record.

Through the years I've received and bought beautiful Journals - leather bound with wonderful papers. Yet, some of my thoughts would end up on scraps of paper. I like ease and convenience so I decided to organize my writing - and create a method to write in - so I designed THE 5 YEAR JOURNAL.

Love,
Doreene

Sample Page from Doreene's Journal

The Best Thing That Happened To Me This Year Was...

1995 - Moved in & Remodeled my house - turned it into my home. Added plants & features that made it me.

1996 - Mom moved back to Phoenix from Las Vegas - it's nice to have her home.

1997 - Spent alot of time in Mexico. It's a very Healthy place for me to be. Love the vibe.

1998 - Wrote more than ever this year - and that's wonderful.

1999 - Published - The 5 Year Journal - YEAH!!

THE 5 YEAR JOURNAL

How To Use This Journal

Use your Journal to capture and summarize your daily experiences, thoughts, and feelings.

A good place to start as you begin to think about **your** Journal - is to simply remember to breathe. In other words - be light. Let yourself relax into the thoughts and ideas you have, let them flow. **Remember... this is your Journal.** What goes inside these pages and what does not is totally up to you and no one else.

- You can start using your Journal any day of the year.

- Each Journal page covers two calendar days for 5 years, allowing a reference and comparative look at the same dates for 5 years.

- The beauty of this Journal is having on one page, in one Journal, in one place, a comparative of your times and your experiences giving you a clearer picture of your past.

- Ease into the routine of daily writing so you can get into the habit of writing in your Journal every day.

- Keep your Journal within your daily routine. Set it where you will see it, someplace you'll look every day, a place where it will trigger your memory daily - so it is easy to write down a thought, a feeling, a joke, an observation, a success, or an experience when it happens.

- Be gentle with yourself.

- Allow yourself to miss a day or more. Don't make journalizing a burden - life is hard enough.

- Keep it simple and easy for yourself - and on yourself. Even if what you want to write about your thoughts and feelings seems complicated, be brief and concise.

- Realize we all have hundreds of thousands of thoughts, feelings and images going through our minds daily. We can not write them all down.

- Simply summarize the day in your Journal. A simple sentence can accomplish so much.

- If you already journal or want to start another journal with more information and detail, doing so can also support you.

- Use this Journal as a tool. Use it as an asset for growth, experience, expression, a tool for loving yourself, even laughing at yourself.

- Journaling can be work at times, even an obligation or a challenge, but it is only part of the process.

- Don't let such a process stop you, either because you don't recognize the process or feel the process is a burden. Move on; the moving on is the key to success.

- Change, a difference, can be just around the corner. Today does not have to look like yesterday or tomorrow.

Using The Journal & Workbook Sections

Under each heading, write in the lines provided
for the current day and year until your Journal is full.

20__ __ : Write in the last two numbers of the current year after the 20 on the two lines that are provided. For example - 20__ __ - write in 00 for the year 2000, 01 for the year 2001, etc. After the 20_ _ you can write in the day of the week.

Goals: Your GOALS are your intents and what you want to accomplish this year. List them.

Resolutions: Your RESOLUTIONS are the actions and possible changes for how you are going to achieve what you want and reach your Goals. List them.

Monthly Focus Thought: Before beginning each month of your Journal, on the lines provided for each year summarize where you are and what you are feeling right then, that day. Keep it simple, one word, a few words, a few sentences.

January 1: Here it is. The first line of Journalizing the first day of your personal daily Journal. This will allow a reference and comparative look at the same date for the past years, up to 5 years. When this Journal is filled with your daily thoughts, you will have an accurate reflection of your experiences, thoughts and feelings over the previous 5 years of your life.

Blank Pages: Throughout the book there are places and pages that were intentionally left blank. Leave them blank, write in them, use them as scrapbook pages, it's up to you.

Month End Summary: Review your daily entries in order to summarize your overall experiences for that month.

Quarterly Questions - What Is My Favorite... Have fun remembering what you did, saw, and felt. After your Favorite Movie or Favorite Song entry add the date, where you were, and (to enhance your memory) if anyone else was involved.

Year End Questions - What Is My Favorite For The Year... Reread the Quarterly Questions and reflect back. Then write about all your overall Favorites for the year.

The Best Thing That Happened To Me This Year Was... Review all of your experiences for the year and write about what stood out the most, who or what effected you to the greatest extent, what or who you were the happiest about.

The Worst Thing That Happened To Me This Year Was... Review your entries and decide of all that happened - what was the hardest, most horrible, worst thing that you experienced.

Q and A Year End: Fill in the blanks by answering the questions provided, with how you felt and what you thought for the year.

Create Your Own Topics: Here is a place to create your own topic ideas, specific to your individual thoughts and personal interests.

Year End Summary: This is your year all wrapped up, with your overall thoughts and feelings. After reviewing this year's script of your life, you get to critique it.

THE 5 YEAR JOURNAL Summary: At the end of 5 years, summarize the overall experiences and feelings, what has happened to you and not happened, during the 5 years of this Journal.

When You Start Your Journal

After the 20, write in the last two numbers of the current year on the two lines that are provided.

For example…20 __ __ …write in 06 for the year 2006, 07 for the year 2007.

If you have not already done so, read the sections entitled –

- Introduction – The Purpose
- How To Use This Journal
- Using The Journal & Workbook Sections
- Doreene Clement's Reflections

When you are ready – begin your journaling journey. 5YJ can be started on any day in any year.

Easily summarize your day, create a gratitude journal, a health or diet journal, a prayer or dream journal, track your goals and intentions and so much more, within these pages. If you want to journal more, use a blank book first then come back to 5YJ.

I created THE 5 YEAR JOURNAL through Divine Inspiration. That inspiration came in 1990, while I was driving south on I-17, between Camelback and Indian School roads in Phoenix, AZ. Such a simple, yet powerful idea, I thought it must be already out there. I looked and it wasn't. I first published 5YJ in 1999. It is a wonderful, amazing journal that shows up in people's lives, supporting, affirming, focusing and creating change for the better, and I get to be a part of all of it.

There is no other journal on the market that I have seen with all the features of 5YJ: in just minutes a day journal daily for 5 years all in one book, with over 100 motivational quotes, how-to journal instructions, and workbook sections – goals and resolutions, the best/worst thing that happened to me this year was, year end summary, create your own topics, month start and end focus thoughts, quarterly questions, Q and A year end, and year end questions.

The real power within the pages of 5YJ is the actual journaling, with the advantage of only 3 lines per day: With the placement of each of the five years of journaling, one year after the last, right on the same page. As the end user journals each year there is where they were last year, two years, then three years ago, etc. And with the advantage of only three lines per day the end user narrows down what was most important to them for that day. If they want to write more they can use a blank book to journal in first, then come back to 5YJ and summarize their day. 5YJ is also perfect to use to create a gratitude journal, a prayer journal, and to track a goal and intention.   D.C.

Goals

20__ __ - _____
_____
_____

20__ __ - _____
_____
_____

20__ __ - _____
_____
_____

20__ __ - _____
_____
_____

20__ __ - _____
_____
_____

"You are more than a human being, you are a human becoming."
Og Mandino

Resolutions

20__ __ - _____
_____
_____

20__ __ - _____
_____
_____

20__ __ - _____
_____
_____

20__ __ - _____
_____
_____

20__ __ - _____
_____
_____

January Focus Thought

"I wanted to try to live in accord
with the promptings which came from my true self.

Why is that so difficult?"

Hermann Hesse

20__ __ -_____
_____
_____

20__ __ -_____
_____
_____

20__ __ -_____
_____
_____

20__ __ -_____
_____
_____

20__ __ -_____
_____
_____

January 1

20___ ___ - _____

20___ ___ - _____

20___ ___ - _____

20___ ___ - _____

20___ ___ - _____

"We don't see things as they are,

January 2

20___ ___ - _____

20___ ___ - _____

20___ ___ - _____

20___ ___ - _____

20___ ___ - _____

January 3

20___ ___ -_____

20___ ___ -_____

20___ ___ -_____

20___ ___ -_____

20___ ___ -_____

…we see them as we are."
Anaïs Nin

January 4

20___ ___ -_____

20___ ___ -_____

20___ ___ -_____

20___ ___ -_____

20___ ___ -_____

January 5

20___ ___ - _____

20___ ___ - _____

20___ ___ - _____

20___ ___ - _____

20___ ___ - _____

"Happiness depends upon ourselves."
Aristotle

January 6

20___ ___ - _____

20___ ___ - _____

20___ ___ - _____

20___ ___ - _____

20___ ___ - _____

January 7

20__ __ -_____

20__ __ -_____

20__ __ -_____

20__ __ -_____

20__ __ -_____

"Don't compromise yourself,

January 8

20__ __ -_____

20__ __ -_____

20__ __ -_____

20__ __ -_____

20__ __ -_____

January 9

20__ __ -_____

20__ __ -_____

20__ __ -_____

20__ __ -_____

20__ __ -_____

"...you are all you've got."
Janis Joplin

January 10

20__ __ -_____

20__ __ -_____

20__ __ -_____

20__ __ -_____

20__ __ -_____

January 11

20__ __ -

20__ __ -

20__ __ -

20__ __ -

20__ __ -

"I am never afraid of what I know."
Anna Sewell

January 12

20__ __ -

20__ __ -

20__ __ -

20__ __ -

20__ __ -

January 13

20__ __ -

20__ __ -

20__ __ -

20__ __ -

20__ __ -

"Play more ball."
Sunny, Yellow Labrador

January 14

20__ __ -

20__ __ -

20__ __ -

20__ __ -

20__ __ -

January 15

20__ __ -_____

20__ __ -_____

20__ __ -_____

20__ __ -_____

20__ __ -_____

"I live in the present.

January 16

20__ __ -_____

20__ __ -_____

20__ __ -_____

20__ __ -_____

20__ __ -_____

January 17

20__ __ -_____

20__ __ -_____

20__ __ -_____

20__ __ -_____

20__ __ -_____

...I only remember the past, and anticipate the future."
Henry David Thoreau

January 18

20__ __ -_____

20__ __ -_____

20__ __ -_____

20__ __ -_____

20__ __ -_____

January 19

20__ __ -_____

20__ __ -_____

20__ __ -_____

20__ __ -_____

20__ __ -_____

"Why not learn to enjoy the little things

January 20

20__ __ -_____

20__ __ -_____

20__ __ -_____

20__ __ -_____

20__ __ -_____

January 21

20__ __ -_____

20__ __ -_____

20__ __ -_____

20__ __ -_____

20__ __ -_____

> "... - there are so many of them."
> Anonymous

January 22

20__ __ -_____

20__ __ -_____

20__ __ -_____

20__ __ -_____

20__ __ -_____

January 23

20__ __ -_____

20__ __ -_____

20__ __ -_____

20__ __ -_____

20__ __ -_____

"Creative minds have always been known

January 24

20__ __ -_____

20__ __ -_____

20__ __ -_____

20__ __ -_____

20__ __ -_____

January 25

20__ __ -

20__ __ -

20__ __ -

20__ __ -

20__ __ -

…to survive any kind of bad training."
Anna Freud

January 26

20__ __ -

20__ __ -

20__ __ -

20__ __ -

20__ __ -

January 27

20___ ___ - _____

20___ ___ - _____

20___ ___ - _____

20___ ___ - _____

20___ ___ - _____

"Man's mind, once stretched by a new idea,

January 28

20___ ___ - _____

20___ ___ - _____

20___ ___ - _____

20___ ___ - _____

20___ ___ - _____

January 29

20__ __ -_____

20__ __ -_____

20__ __ -_____

20__ __ -_____

20__ __ -_____

...never regains its original dimensions."
Oliver Wendell Holmes

January 30

20__ __ -_____

20__ __ -_____

20__ __ -_____

20__ __ -_____

20__ __ -_____

January 31

20__ __ -_____

20__ __ -_____

20__ __ -_____

20__ __ -_____

20__ __ -_____

"Tomorrow hopes we have learned something from yesterday."
John Wayne

January Month End Summary

20__ __ -_____

20__ __ -_____

20__ __ -_____

20__ __ -_____

20__ __ -_____

February Focus Thought

"I wondered what else in my life I perceived
 to be wrong or difficult
  instead of exploring to understand the true purpose."
 Marlo Morgan

20__ __ - _____
_____
_____

20__ __ - _____
_____
_____

20__ __ - _____
_____
_____

20__ __ - _____
_____
_____

20__ __ - _____
_____
_____

February 1

20___ ___ -

20___ ___ -

20___ ___ -

20___ ___ -

20___ ___ -

"Nothing can bring you peace but yourself."
Ralph Waldo Emerson

February 2

20___ ___ -

20___ ___ -

20___ ___ -

20___ ___ -

20___ ___ -

February 3

20__ __ -

20__ __ -

20__ __ -

20__ __ -

20__ __ -

"Most folks are about as happy

February 4

20__ __ -

20__ __ -

20__ __ -

20__ __ -

February 5

20___ ___ - _____

20___ ___ - _____

20___ ___ - _____

20___ ___ - _____

20___ ___ - _____

...as they make up their minds to be."
Abraham Lincoln

February 6

20___ ___ - _____

20___ ___ - _____

20___ ___ - _____

20___ ___ - _____

20___ ___ - _____

February 7

20__ __ -

20__ __ -

20__ __ -

20__ __ -

20__ __ -

"Some men see things as they are   ...and say 'Why?'

February 8

20__ __ -

20__ __ -

20__ __ -

20__ __ -

20__ __ -

February 9

20__ __ -_____

20__ __ -_____

20__ __ -_____

20__ __ -_____

20__ __ -_____

"...I dream things that never were, ...and say 'Why not?'"
George Bernard Shaw

February 10

20__ __ -_____

20__ __ -_____

20__ __ -_____

20__ __ -_____

20__ __ -_____

February 11

20__ __ -

20__ __ -

20__ __ -

20__ __ -

20__ __ -

"Light tomorrow with today!"
Elizabeth Barrett Browning

February 12

20__ __ -

20__ __ -

20__ __ -

20__ __ -

20__ __ -

February 13

20__ __ -_____

20__ __ -_____

20__ __ -_____

20__ __ -_____

20__ __ -_____

"No one gives joy or sorrow

February 14

20__ __ -_____

20__ __ -_____

20__ __ -_____

20__ __ -_____

20__ __ -_____

February 15

20__ __ -

20__ __ -

20__ __ -

20__ __ -

20__ __ -

"...We gather the consequences of our own deeds."
Garuda Purana

February 16

20__ __ -

20__ __ -

20__ __ -

20__ __ -

20__ __ -

February 17

20__ __ - _____

20__ __ - _____

20__ __ - _____

20__ __ - _____

20__ __ - _____

"The test of enjoyment is the remembrance which it leaves behind."
Logan Pearsall Smith

February 18

20__ __ - _____

20__ __ - _____

20__ __ - _____

20__ __ - _____

20__ __ - _____

February 19

20__ __ -_____

20__ __ -_____

20__ __ -_____

20__ __ -_____

20__ __ -_____

"Your past is always going to be the way it was.

February 20

20__ __ -_____

20__ __ -_____

20__ __ -_____

20__ __ -_____

20__ __ -_____

February 21

20___ ___ - _____

20___ ___ - _____

20___ ___ - _____

20___ ___ - _____

20___ ___ - _____

"...Stop trying to change it."
Anonymous

February 22

20___ ___ - _____

20___ ___ - _____

20___ ___ - _____

20___ ___ - _____

20___ ___ - _____

February 23

20__ __ -

20__ __ -

20__ __ -

20__ __ -

20__ __ -

"The only thing I regret about my past is the length of it."

February 24

20__ __ -

20__ __ -

20__ __ -

20__ __ -

20__ __ -

February 25

20__ __ -_____

20__ __ -_____

20__ __ -_____

20__ __ -_____

20__ __ -_____

...If I had to live my life again,

February 26

20__ __ -_____

20__ __ -_____

20__ __ -_____

20__ __ -_____

20__ __ -_____

February 27

20__ __ -

20__ __ -

20__ __ -

20__ __ -

20__ __ -

...I'd make the same mistakes, only sooner."
Tallulah Bankhead

February 28

20__ __ -

20__ __ -

20__ __ -

20__ __ -

20__ __ -

February 29

20__ __ - _____

20__ __ - _____

February Month End Summary

20__ __ - _____

20__ __ - _____

20__ __ - _____

20__ __ - _____

20__ __ - _____

March Focus Thought

"Where we go within our minds and with our actions,
what we do with all of our daily experiences,
determines our degree of peace and joy,
our happiness,

or our sorrow, loss, and pain."

Doreene Clement

20___ ___ -_____
_____

20___ ___ -_____
_____

20___ ___ -_____
_____

20___ ___ -_____
_____

20___ ___ -_____
_____

March 1

20___ ___ -_____

20___ ___ -_____

20___ ___ -_____

20___ ___ -_____

20___ ___ -_____

"I will embrace today's difficult tasks, take off my coat,

March 2

20___ ___ -_____

20___ ___ -_____

20___ ___ -_____

20___ ___ -_____

20___ ___ -_____

March 3

20___ ___ -_____

20___ ___ -_____

20___ ___ -_____

20___ ___ -_____

20___ ___ -_____

"...and make dust in the world."
Og Mandino

March 4

20___ ___ -_____

20___ ___ -_____

20___ ___ -_____

20___ ___ -_____

20___ ___ -_____

March 5

20__ __ -_____

_____

_____

20__ __ -_____

_____

_____

20__ __ -_____

_____

_____

20__ __ -_____

_____

_____

20__ __ -_____

_____

_____

"I long to accomplish a great and noble task,

March 6

20__ __ -_____

_____

_____

20__ __ -_____

_____

_____

20__ __ -_____

_____

_____

20__ __ -_____

_____

_____

20__ __ -_____

_____

_____

March 7

20__ __ -

20__ __ -

20__ __ -

20__ __ -

20__ __ -

...but it is my chief duty to accomplish small tasks

March 8

20__ __ -

20__ __ -

20__ __ -

20__ __ -

20__ __ -

March 9

20__ __ -_____

20__ __ -_____

20__ __ -_____

20__ __ -_____

20__ __ -_____

…as if they were great and noble."
Helen Keller

March 10

20__ __ -_____

20__ __ -_____

20__ __ -_____

20__ __ -_____

20__ __ -_____

March 11

20__ __ -_____

20__ __ -_____

20__ __ -_____

20__ __ -_____

20__ __ -_____

"If you observe a really happy man, you will find

March 12

20__ __ -_____

20__ __ -_____

20__ __ -_____

20__ __ -_____

20__ __ -_____

March 13

20__ __ -

20__ __ -

20__ __ -

20__ __ -

20__ __ -

...that he is happy in the course of living

March 14

20__ __ -

20__ __ -

20__ __ -

20__ __ -

20__ __ -

March 15

20___ ___ - _____

20___ ___ - _____

20___ ___ - _____

20___ ___ - _____

20___ ___ - _____

…twenty-four crowded hours of each day."
W. Beran Wolfe

March 16

20___ ___ - _____

20___ ___ - _____

20___ ___ - _____

20___ ___ - _____

20___ ___ - _____

March 17

20__ __ -_____

20__ __ -_____

20__ __ -_____

20__ __ -_____

20__ __ -_____

"Learn how to feel joy."
Seneca

March 18

20__ __ -_____

20__ __ -_____

20__ __ -_____

20__ __ -_____

20__ __ -_____

March 19

20__ __ -

20__ __ -

20__ __ -

20__ __ -

20__ __ -

"When I was younger

March 20

20__ __ -

20__ __ -

20__ __ -

20__ __ -

20__ __ -

March 21

20___ ___ - _____

20___ ___ - _____

20___ ___ - _____

20___ ___ - _____

20___ ___ - _____

...I could remember anything

March 22

20___ ___ - _____

20___ ___ - _____

20___ ___ - _____

20___ ___ - _____

20___ ___ - _____

March 23

20__ __ -

20__ __ -

20__ __ -

20__ __ -

20__ __ -

"...Whether it happened or not."
Mark Twain

March 24

20__ __ -

20__ __ -

20__ __ -

20__ __ -

20__ __ -

March 25

20__ __ -_____

20__ __ -_____

20__ __ -_____

20__ __ -_____

20__ __ -_____

"Don't let life bring you down, bring life up."
Erin Rose Bunzel

March 26

20__ __ -_____

20__ __ -_____

20__ __ -_____

20__ __ -_____

20__ __ -_____

March 27

20__ __ -

20__ __ -

20__ __ -

20__ __ -

20__ __ -

"If you wish to live a life free from sorrow,

March 28

20__ __ -

20__ __ -

20__ __ -

20__ __ -

20__ __ -

March 29

20___ ___ -_____

20___ ___ -_____

20___ ___ -_____

20___ ___ -_____

20___ ___ -_____

…think of what is going to happen,

March 30

20___ ___ -_____

20___ ___ -_____

20___ ___ -_____

20___ ___ -_____

20___ ___ -_____

March 31

20__ __ -

20__ __ -

20__ __ -

20__ __ -

20__ __ -

"...as if it had already happened."
Epictetus

March Month End Summary

20__ __ -

20__ __ -

20__ __ -

20__ __ -

20__ __ -

Quarterly Questions – January through March   20 __ __

What Is My Favorite…

Adventure _____

Book _____

Chuckle _____

Day _____

Dream _____

Event _____

Exercise _____

Experience _____

Gift Given/Received _____

Hobby _____

Idea _____

Lesson _____

Love _____

Meal _____

Memory _____

Movie _____

Patience Builder _____

Person _____

Relaxation _____

Release _____

Song _____

Success _____

Thought or Quote _____

TV Show _____

Wish _____

Quarterly Questions – January through March   20 __ __

What Is My Favorite…

Adventure_____

Book _____

Chuckle_____

Day_____

Dream_____

Event_____

Exercise_____

Experience_____

Gift Given/Received _____

Hobby_____

Idea_____

Lesson_____

Love_____

Meal_____

Memory_____

Movie_____

Patience Builder _____

Person_____

Relaxation_____

Release_____

Song_____

Success_____

Thought or Quote _____

TV Show_____

Wish_____

Quarterly Questions – January through March   20 __ __

What Is My Favorite…

Adventure_____

Book _____

Chuckle_____

Day_____

Dream_____

Event_____

Exercise_____

Experience_____

Gift Given/Received _____

Hobby_____

Idea_____

Lesson_____

Love_____

Meal_____

Memory_____

Movie_____

Patience Builder _____

Person_____

Relaxation_____

Release_____

Song_____

Success_____

Thought or Quote _____

TV Show_____

Wish_____

Quarterly Questions – January through March   20 __ __

What Is My Favorite…

Adventure _____

Book _____

Chuckle _____

Day _____

Dream _____

Event _____

Exercise _____

Experience _____

Gift Given/Received _____

Hobby _____

Idea _____

Lesson _____

Love _____

Meal _____

Memory _____

Movie _____

Patience Builder _____

Person _____

Relaxation _____

Release _____

Song _____

Success _____

Thought or Quote _____

TV Show _____

Wish _____

Quarterly Questions – January through March   20 __ __

What Is My Favorite...

Adventure _____

Book _____

Chuckle _____

Day _____

Dream _____

Event _____

Exercise _____

Experience _____

Gift Given/Received _____

Hobby _____

Idea _____

Lesson _____

Love _____

Meal _____

Memory _____

Movie _____

Patience Builder _____

Person _____

Relaxation _____

Release _____

Song _____

Success _____

Thought or Quote _____

TV Show _____

Wish _____

April Focus Thought

"Our deeds still travel with us from afar,
and what we have been makes us what we are."

George Elliot

20__ __ -_____

20__ __ -_____

20__ __ -_____

20__ __ -_____

20__ __ -_____

April 1

20__ __ - _____

20__ __ - _____

20__ __ - _____

20__ __ - _____

20__ __ - _____

"When one is learning,

April 2

20__ __ - _____

20__ __ - _____

20__ __ - _____

20__ __ - _____

20__ __ - _____

April 3

20__ __ -

20__ __ -

20__ __ -

20__ __ -

20__ __ -

...one should not think of play;

April 4

20__ __ -

20__ __ -

20__ __ -

20__ __ -

20__ __ -

April 5

20__ __ -

20__ __ -

20__ __ -

20__ __ -

20__ __ -

...and when one is at play,

April 6

20__ __ -

20__ __ -

20__ __ -

20__ __ -

20__ __ -

April 7

20___ ___ -

20___ ___ -

20___ ___ -

20___ ___ -

20___ ___ -

"...one should not think of learning."
Lord Chesterfield

April 8

20___ ___ -

20___ ___ -

20___ ___ -

20___ ___ -

20___ ___ -

April 9

20__ __ -

20__ __ -

20__ __ -

20__ __ -

20__ __ -

"One today is worth two tomorrows."
Benjamin Franklin

April 10

20__ __ -

20__ __ -

20__ __ -

20__ __ -

20__ __ -

April 11

20__ __ -

20__ __ -

20__ __ -

20__ __ -

20__ __ -

"To establish oneself in the world,

April 12

20__ __ -

20__ __ -

20__ __ -

20__ __ -

20__ __ -

April 13

20__ __ -

20__ __ -

20__ __ -

20__ __ -

20__ __ -

"...one has to do all one can to appear established."
Francios Duc de La Rochefoucauld

April 14

20__ __ -

20__ __ -

20__ __ -

20__ __ -

20__ __ -

April 15

20__ __ -

20__ __ -

20__ __ -

20__ __ -

20__ __ -

"We become just by performing just actions,

April 16

20__ __ -

20__ __ -

20__ __ -

20__ __ -

20__ __ -

April 17

20__ __ -

20__ __ -

20__ __ -

20__ __ -

20__ __ -

...temperate by performing temperate actions,

April 18

20__ __ -

20__ __ -

20__ __ -

20__ __ -

20__ __ -

April 19

20__ __ -

20__ __ -

20__ __ -

20__ __ -

20__ __ -

…brave by performing brave actions."
Aristotle

April 20

20__ __ -

20__ __ -

20__ __ -

20__ __ -

20__ __ -

April 21

20__ __ -_____

20__ __ -_____

20__ __ -_____

20__ __ -_____

20__ __ -_____

April 22

20__ __ -_____

20__ __ -_____

20__ __ -_____

20__ __ -_____

20__ __ -_____

April 23

20__ __ -

20__ __ -

20__ __ -

20__ __ -

20__ __ -

"Many are stubborn in pursuit of the path they have chosen,

April 24

20__ __ -

20__ __ -

20__ __ -

20__ __ -

20__ __ -

April 25

20__ __ -

20__ __ -

20__ __ -

20__ __ -

20__ __ -

...few in pursuit of the goal."
Friedrich Nietzsche

April 26

20__ __ -

20__ __ -

20__ __ -

20__ __ -

20__ __ -

April 27

20__ __ - _____

20__ __ - _____

20__ __ - _____

20__ __ - _____

20__ __ - _____

"To fill the hour, and leave no crevice

April 28

20__ __ - _____

20__ __ - _____

20__ __ - _____

20__ __ - _____

20__ __ - _____

April 29

20___ ___ - _____

20___ ___ - _____

20___ ___ - _____

20___ ___ - _____

20___ ___ - _____

"...that is happiness."
Ralph Waldo Emerson

April 30

20___ ___ - _____

20___ ___ - _____

20___ ___ - _____

20___ ___ - _____

20___ ___ - _____

April Month End Summary

20__ __ - _____

_____

_____

20__ __ - _____

_____

_____

20__ __ - _____

_____

_____

20__ __ - _____

_____

_____

20__ __ - _____

_____

_____

May Focus Thought

" What I think about, I bring about.

The thought of success will foster success.
The thought of love will foster love.
The thought of security will foster security…

What am I thinking about today?"

Rita Davenport

20__ __ -_____

20__ __ -_____

20__ __ -_____

20__ __ -_____

20__ __ -_____

May 1

20__ __ -

20__ __ -

20__ __ -

20__ __ -

20__ __ -

"It's always something."
'Roseanne Roseannadanna' (Gilda Radner)

May 2

20__ __ -

20__ __ -

20__ __ -

20__ __ -

20__ __ -

May 3

20__ __ -

20__ __ -

20__ __ -

20__ __ -

20__ __ -

"One never notices what has been done;

May 4

20__ __ -

20__ __ -

20__ __ -

20__ __ -

20__ __ -

May 5

20__ __ -_____

20__ __ -_____

20__ __ -_____

20__ __ -_____

20__ __ -_____

...one can only see what remains to be done."
Marie Curie

May 6

20__ __ -_____

20__ __ -_____

20__ __ -_____

20__ __ -_____

20__ __ -_____

May 7

20__ __ - _____

20__ __ - _____

20__ __ - _____

20__ __ - _____

20__ __ - _____

"A man is rich in proportion

May 8

20__ __ - _____

20__ __ - _____

20__ __ - _____

20__ __ - _____

20__ __ - _____

May 9

20___ ___ -_____

20___ ___ -_____

20___ ___ -_____

20___ ___ -_____

20___ ___ -_____

…to the number of things he can afford to let alone."
Henry David Thoreau

May 10

20___ ___ -_____

20___ ___ -_____

20___ ___ -_____

20___ ___ -_____

20___ ___ -_____

May 11

20__ __ -_____
_____
_____

20__ __ -_____
_____
_____

20__ __ -_____
_____
_____

20__ __ -_____
_____
_____

20__ __ -_____
_____
_____

"We can't all be heroes because

May 12

20__ __ -_____
_____
_____

20__ __ -_____
_____
_____

20__ __ -_____
_____
_____

20__ __ -_____
_____
_____

20__ __ -_____
_____
_____

May 13

20__ __ -_____

20__ __ -_____

20__ __ -_____

20__ __ -_____

20__ __ -_____

...somebody has to sit on the curb and clap as they go by."
Will Rogers

May 14

20__ __ -_____

20__ __ -_____

20__ __ -_____

20__ __ -_____

20__ __ -_____

May 15

20___ ___ -

20___ ___ -

20___ ___ -

20___ ___ -

20___ ___ -

"The essence of philosophy

May 16

20___ ___ -

20___ ___ -

20___ ___ -

20___ ___ -

20___ ___ -

May 17

20__ __ - _____
_____
_____

20__ __ - _____
_____
_____

20__ __ - _____
_____
_____

20__ __ - _____
_____
_____

20__ __ - _____
_____
_____

...is that a man should so live that his happiness

May 18

20__ __ - _____
_____
_____

20__ __ - _____
_____
_____

20__ __ - _____
_____
_____

20__ __ - _____
_____
_____

20__ __ - _____
_____
_____

May 19

20___ ___ -

20___ ___ -

20___ ___ -

20___ ___ -

20___ ___ -

...shall depend as little as possible on external things."
Epictetus

May 20

20___ ___ -

20___ ___ -

20___ ___ -

20___ ___ -

20___ ___ -

May 21

20__ __ -_____

20__ __ -_____

20__ __ -_____

20__ __ -_____

20__ __ -_____

May 22

20__ __ -_____

20__ __ -_____

20__ __ -_____

20__ __ -_____

20__ __ -_____

May 23

20__ __ -_____
_____
_____

20__ __ -_____
_____
_____

20__ __ -_____
_____
_____

20__ __ -_____
_____
_____

20__ __ -_____
_____
_____

"Failure seldom stops you;

May 24

20__ __ -_____
_____
_____

20__ __ -_____
_____
_____

20__ __ -_____
_____
_____

20__ __ -_____
_____
_____

20__ __ -_____
_____
_____

May 25

20__ __ -

20__ __ -

20__ __ -

20__ __ -

20__ __ -

"...what stops you is the fear of failure."
Jack Lemmon

May 26

20__ __ -

20__ __ -

20__ __ -

20__ __ -

20__ __ -

May 27

20__ __ -_____
_____
_____

20__ __ -_____
_____
_____

20__ __ -_____
_____
_____

20__ __ -_____
_____
_____

20__ __ -_____
_____
_____

"Some people think that $1 + 1 = 11$,

May 28

20__ __ -_____
_____
_____

20__ __ -_____
_____
_____

20__ __ -_____
_____
_____

20__ __ -_____
_____
_____

20__ __ -_____
_____
_____

May 29

20__ __ - _____

20__ __ - _____

20__ __ - _____

20__ __ - _____

20__ __ - _____

"...and then they set out to prove it."
Doreene Clement

May 30

20__ __ - _____

20__ __ - _____

20__ __ - _____

20__ __ - _____

20__ __ - _____

May 31

20__ __ -

20__ __ -

20__ __ -

20__ __ -

20__ __ -

"Defeat is simply a signal to press onward."
Helen Keller

May Month End Summary

20__ __ -

20__ __ -

20__ __ -

20__ __ -

20__ __ -

June Focus Thought

"If the day and the night are such
that you greet them with joy,
and life emits a fragrance like flowers
and sweet-scented herbs,
is more elastic, more starry, more immortal –
that is your success."

Henry David Thoreau

20__ __ -_____
_____
_____

20__ __ -_____
_____
_____

20__ __ -_____
_____
_____

20__ __ -_____
_____
_____

20__ __ -_____
_____
_____

June 1

20___ ___ - _____

20___ ___ - _____

20___ ___ - _____

20___ ___ - _____

20___ ___ - _____

"Every saint has a past, and every sinner has a future."
Oscar Wilde

June 2

20___ ___ - _____

20___ ___ - _____

20___ ___ - _____

20___ ___ - _____

20___ ___ - _____

June 3

20__ __ -

20__ __ -

20__ __ -

20__ __ -

20__ __ -

"When I want to understand what is happening today

June 4

20__ __ -

20__ __ -

20__ __ -

20__ __ -

20__ __ -

June 5

20__ __ -_____

20__ __ -_____

20__ __ -_____

20__ __ -_____

20__ __ -_____

…or try to decide what will happen tomorrow,

June 6

20__ __ -_____

20__ __ -_____

20__ __ -_____

20__ __ -_____

20__ __ -_____

June 7

20__ __ -

20__ __ -

20__ __ -

20__ __ -

20__ __ -

"...I look back."
Oliver Wendell Holmes

June 8

20__ __ -

20__ __ -

20__ __ -

20__ __ -

20__ __ -

June 9

20__ __ -

20__ __ -

20__ __ -

20__ __ -

20__ __ -

"Hindsight is always 20/20."
Billy Wilder

June 10

20__ __ -

20__ __ -

20__ __ -

20__ __ -

20__ __ -

June 11

20___ ___ -

20___ ___ -

20___ ___ -

20___ ___ -

20___ ___ -

"I like the dreams for the future

June 12

20___ ___ -

20___ ___ -

20___ ___ -

20___ ___ -

20___ ___ -

June 13

20___ ___ - _____

20___ ___ - _____

20___ ___ - _____

20___ ___ - _____

20___ ___ - _____

...better than the history of the past."
Thomas Jefferson

June 14

20___ ___ - _____

20___ ___ - _____

20___ ___ - _____

20___ ___ - _____

20___ ___ - _____

June 15

20___ ___ -

20___ ___ -

20___ ___ -

20___ ___ -

20___ ___ -

"Then is then. Now is now.

June 16

20___ ___ -

20___ ___ -

20___ ___ -

20___ ___ -

20___ ___ -

June 17

20__ __ -_____

20__ __ -_____

20__ __ -_____

20__ __ -_____

20__ __ -_____

…We must grow to learn the difference."
Anonymous

June 18

20__ __ -_____

20__ __ -_____

20__ __ -_____

20__ __ -_____

20__ __ -_____

June 19

20__ __ - _____

20__ __ - _____

20__ __ - _____

20__ __ - _____

20__ __ - _____

"Today is the first day of the rest of your life."
Abbie Hoffman

June 20

20__ __ - _____

20__ __ - _____

20__ __ - _____

20__ __ - _____

20__ __ - _____

June 21

20__ __ -

20__ __ -

20__ __ -

20__ __ -

20__ __ -

June 22

20__ __ -

20__ __ -

20__ __ -

20__ __ -

20__ __ -

June 23

20___ ___ -

20___ ___ -

20___ ___ -

20___ ___ -

20___ ___ -

"When I am anxious it is because I am living in the future.

June 24

20___ ___ -

20___ ___ -

20___ ___ -

20___ ___ -

20___ ___ -

June 25

20___ ___ -_____

20___ ___ -_____

20___ ___ -_____

20___ ___ -_____

20___ ___ -_____

"...When I am depressed it is because I am living in the past."
Anonymous

June 26

20___ ___ -_____

20___ ___ -_____

20___ ___ -_____

20___ ___ -_____

20___ ___ -_____

June 27

20___ ___ -

20___ ___ -

20___ ___ -

20___ ___ -

20___ ___ -

"I look back on my life like a good day's work;

June 28

20___ ___ -

20___ ___ -

20___ ___ -

20___ ___ -

20___ ___ -

June 29

20__ __ -_____

20__ __ -_____

20__ __ -_____

20__ __ -_____

20__ __ -_____

"...it is done and I am satisfied with it."
Grandma Moses

June 30

20__ __ -_____

20__ __ -_____

20__ __ -_____

20__ __ -_____

20__ __ -_____

June Month End Summary

20__ __ - _____

_____

_____

20__ __ - _____

_____

_____

20__ __ - _____

_____

_____

20__ __ - _____

_____

_____

20__ __ - _____

_____

_____

Quarterly Questions – April through June   20 __ __

What Is My Favorite…

Adventure_____

Book _____

Chuckle_____

Day_____

Dream_____

Event_____

Exercise_____

Experience_____

Gift Given/Received _____

Hobby_____

Idea_____

Lesson_____

Love_____

Meal_____

Memory_____

Movie_____

Patience Builder _____

Person_____

Relaxation_____

Release_____

Song_____

Success_____

Thought or Quote _____

TV Show_____

Wish_____

Quarterly Questions – April through June   20 __ __

What Is My Favorite…

Adventure_____

Book _____

Chuckle_____

Day_____

Dream_____

Event_____

Exercise_____

Experience_____

Gift Given/Received _____

Hobby_____

Idea_____

Lesson_____

Love_____

Meal_____

Memory_____

Movie_____

Patience Builder _____

Person_____

Relaxation_____

Release_____

Song_____

Success_____

Thought or Quote _____

TV Show_____

Wish_____

Quarterly Questions – April through June   20 __ __

What Is My Favorite…

Adventure _____

Book _____

Chuckle _____

Day _____

Dream _____

Event _____

Exercise _____

Experience _____

Gift Given/Received _____

Hobby _____

Idea _____

Lesson _____

Love _____

Meal _____

Memory _____

Movie _____

Patience Builder _____

Person _____

Relaxation _____

Release _____

Song _____

Success _____

Thought or Quote _____

TV Show _____

Wish _____

Quarterly Questions – April through June   20 __ __

What Is My Favorite…

Adventure _____

Book _____

Chuckle _____

Day _____

Dream _____

Event _____

Exercise _____

Experience _____

Gift Given/Received _____

Hobby _____

Idea _____

Lesson _____

Love _____

Meal _____

Memory _____

Movie _____

Patience Builder _____

Person _____

Relaxation _____

Release _____

Song _____

Success _____

Thought or Quote _____

TV Show _____

Wish _____

Quarterly Questions – April through June   20 _ _

What Is My Favorite…

Adventure _____

Book _____

Chuckle _____

Day _____

Dream _____

Event _____

Exercise _____

Experience _____

Gift Given/Received _____

Hobby _____

Idea _____

Lesson _____

Love _____

Meal _____

Memory _____

Movie _____

Patience Builder _____

Person _____

Relaxation _____

Release _____

Song _____

Success _____

Thought or Quote _____

TV Show _____

Wish _____

July Focus Thought

"Yesterday has passed forever beyond my control."

"Until the sun rises again,
 I have no stake in tomorrow, for it is still unborn."

Og Mandino

20__ __ -_____
_____

20__ __ -_____
_____

20__ __ -_____
_____

20__ __ -_____
_____

20__ __ -_____
_____

July 1

20__ __ - _____

20__ __ - _____

20__ __ - _____

20__ __ - _____

20__ __ - _____

"The tragedy is not that things are broken.

July 2

20__ __ - _____

20__ __ - _____

20__ __ - _____

20__ __ - _____

20__ __ - _____

July 3

20__ __ - _____

20__ __ - _____

20__ __ - _____

20__ __ - _____

20__ __ - _____

...The tragedy is that they are not mended again."
Anonymous

July 4

20__ __ - _____

20__ __ - _____

20__ __ - _____

20__ __ - _____

20__ __ - _____

July 5

20___ ___ - _____

20___ ___ - _____

20___ ___ - _____

20___ ___ - _____

20___ ___ - _____

"The purpose of life is a life of purpose."
Robert Byrne

July 6

20___ ___ - _____

20___ ___ - _____

20___ ___ - _____

20___ ___ - _____

20___ ___ - _____

July 7

20__ __ -

20__ __ -

20__ __ -

20__ __ -

20__ __ -

"No one can sincerely try to help another

July 8

20__ __ -

20__ __ -

20__ __ -

20__ __ -

20__ __ -

July 9

20___ ___ -_____

20___ ___ -_____

20___ ___ -_____

20___ ___ -_____

20___ ___ -_____

...without helping himself."
Charles Dudley Warner

July 10

20___ ___ -_____

20___ ___ -_____

20___ ___ -_____

20___ ___ -_____

20___ ___ -_____

July 11

20__ __ -_____

20__ __ -_____

20__ __ -_____

20__ __ -_____

20__ __ -_____

"Ask, 'What would be loving myself?' The world only wins when

July 12

20__ __ -_____

20__ __ -_____

20__ __ -_____

20__ __ -_____

20__ __ -_____

July 13

20__ __ -_____

20__ __ -_____

20__ __ -_____

20__ __ -_____

20__ __ -_____

…I act according to what I hear when I answer this question."
Catherine 'Coky' Gray

July 14

20__ __ -_____

20__ __ -_____

20__ __ -_____

20__ __ -_____

20__ __ -_____

July 15

20__ __ - _____

20__ __ - _____

20__ __ - _____

20__ __ - _____

20__ __ - _____

"Life is fragile, life is worthy, life is golden,

July 16

20__ __ - _____

20__ __ - _____

20__ __ - _____

20__ __ - _____

20__ __ - _____

July 17

20__ __ -

20__ __ -

20__ __ -

20__ __ -

20__ __ -

...life is unconditional, commit to life."
Lauren Crawley

July 18

20__ __ -

20__ __ -

20__ __ -

20__ __ -

20__ __ -

July 19

20__ __ -_____

20__ __ -_____

20__ __ -_____

20__ __ -_____

20__ __ -_____

"It is necessary to the happiness of man

July 20

20__ __ -_____

20__ __ -_____

20__ __ -_____

20__ __ -_____

20__ __ -_____

July 21

20__ __ -_____

20__ __ -_____

20__ __ -_____

20__ __ -_____

20__ __ -_____

...that he be mentally faithful to himself."
Thomas Paine

July 22

20__ __ -_____

20__ __ -_____

20__ __ -_____

20__ __ -_____

20__ __ -_____

July 23

20__ __ -_____

20__ __ -_____

20__ __ -_____

20__ __ -_____

20__ __ -_____

"Doubt is a pain too lonely to know

July 24

20__ __ -_____

20__ __ -_____

20__ __ -_____

20__ __ -_____

20__ __ -_____

July 25

20__ __ -

20__ __ -

20__ __ -

20__ __ -

20__ __ -

…that faith is his twin brother."
Kahlil Gibran

July 26

20__ __ -

20__ __ -

20__ __ -

20__ __ -

20__ __ -

July 27

20__ __ -_____

20__ __ -_____

20__ __ -_____

20__ __ -_____

20__ __ -_____

"This time,

July 28

20__ __ -_____

20__ __ -_____

20__ __ -_____

20__ __ -_____

20__ __ -_____

July 29

20__ __ - _____

20__ __ - _____

20__ __ - _____

20__ __ - _____

20__ __ - _____

…like all times,

July 30

20__ __ - _____

20__ __ - _____

20__ __ - _____

20__ __ - _____

20__ __ - _____

July 31

20___ ___ -

20___ ___ -

20___ ___ -

20___ ___ -

20___ ___ -

"...is a very good one if we but know what to do with it."
Ralph Waldo Emerson

July Month End Summary

20___ ___ -

20___ ___ -

20___ ___ -

20___ ___ -

20___ ___ -

August Focus Thought

"When love beckons to you, follow him.

Though his ways are hard and steep.

And when his wings enfold you, yield to him,
Though the sword hidden among his pinions
may wound you.

And when he speaks to you, believe in him.

Though his voice may shatter your dreams
as the north wind lays waste the garden."

Kahlil Gibran

20__ __ -_____
_____

20__ __ -_____
_____

20__ __ -_____
_____

20__ __ -_____
_____

20__ __ -_____
_____

August 1

20___ ___ -_____

20___ ___ -_____

20___ ___ -_____

20___ ___ -_____

20___ ___ -_____

"In times like these,

August 2

20___ ___ -_____

20___ ___ -_____

20___ ___ -_____

20___ ___ -_____

20___ ___ -_____

August 3

20__ __ - _____

20__ __ - _____

20__ __ - _____

20__ __ - _____

20__ __ - _____

…it helps to recall that there have always been times like these."
Paul Harvey

August 4

20__ __ - _____

20__ __ - _____

20__ __ - _____

20__ __ - _____

20__ __ - _____

August 5

20__ __ -_____

20__ __ -_____

20__ __ -_____

20__ __ -_____

20__ __ -_____

August 6

20__ __ -_____

20__ __ -_____

20__ __ -_____

20__ __ -_____

20__ __ -_____

August 7

20___ ___ -

20___ ___ -

20___ ___ -

20___ ___ -

20___ ___ -

"It is best to act with confidence,

August 8

20___ ___ -

20___ ___ -

20___ ___ -

20___ ___ -

20___ ___ -

August 9

20___ ___ - _____

20___ ___ - _____

20___ ___ - _____

20___ ___ - _____

20___ ___ - _____

...no matter how little right you have to it."
Lillian Hellman

August 10

20___ ___ - _____

20___ ___ - _____

20___ ___ - _____

20___ ___ - _____

20___ ___ - _____

August 11

20___ ___ -

20___ ___ -

20___ ___ -

20___ ___ -

20___ ___ -

"When things go wrong,

August 12

20___ ___ -

20___ ___ -

20___ ___ -

20___ ___ -

20___ ___ -

August 13

20__ __ -

20__ __ -

20__ __ -

20__ __ -

20__ __ -

...don't go with them."
Anonymous

August 14

20__ __ -

20__ __ -

20__ __ -

20__ __ -

20__ __ -

August 15

20__ __ -_____

20__ __ -_____

20__ __ -_____

20__ __ -_____

20__ __ -_____

"Great minds have purposes,

August 16

20__ __ -_____

20__ __ -_____

20__ __ -_____

20__ __ -_____

20__ __ -_____

August 17

20__ __ - _____

20__ __ - _____

20__ __ - _____

20__ __ - _____

20__ __ - _____

...others have wishes."
Washington Irving

August 18

20__ __ - _____

20__ __ - _____

20__ __ - _____

20__ __ - _____

20__ __ - _____

August 19

20__ __ -_____
_____
_____

20__ __ -_____
_____
_____

20__ __ -_____
_____
_____

20__ __ -_____
_____
_____

20__ __ -_____
_____
_____

"You can't try to do things;

August 20

20__ __ -_____
_____
_____

20__ __ -_____
_____
_____

20__ __ -_____
_____
_____

20__ __ -_____
_____
_____

20__ __ -_____
_____
_____

August 21

20__ __ -_____

20__ __ -_____

20__ __ -_____

20__ __ -_____

20__ __ -_____

…you simply must do them."
Ray Bradbury

August 22

20__ __ -_____

20__ __ -_____

20__ __ -_____

20__ __ -_____

20__ __ -_____

August 23

20__ __ -

20__ __ -

20__ __ -

20__ __ -

20__ __ -

"Noble souls, through dust and heat,

August 24

20__ __ -

20__ __ -

20__ __ -

20__ __ -

20__ __ -

August 25

20__ __ -_____

20__ __ -_____

20__ __ -_____

20__ __ -_____

20__ __ -_____

...Rise from disaster and defeat,...The stronger.'
Henry Wadsworth Longfellow

August 26

20__ __ -_____

20__ __ -_____

20__ __ -_____

20__ __ -_____

20__ __ -_____

August 27

20__ __ -_____

20__ __ -_____

20__ __ -_____

20__ __ -_____

20__ __ -_____

"We are only undefeated

August 28

20__ __ -_____

20__ __ -_____

20__ __ -_____

20__ __ -_____

20__ __ -_____

August 29

20___ ___ - _____

20___ ___ - _____

20___ ___ - _____

20___ ___ - _____

20___ ___ - _____

...because we have gone on trying."
T. S. Elliot

August 30

20___ ___ - _____

20___ ___ - _____

20___ ___ - _____

20___ ___ - _____

20___ ___ - _____

August 31

20__ __ - _____

20__ __ - _____

20__ __ - _____

20__ __ - _____

20__ __ - _____

"Discontent is the first necessity of progress."
Thomas Alva Edison

August Month End Summary

20__ __ - _____

20__ __ - _____

20__ __ - _____

20__ __ - _____

20__ __ - _____

September Focus Thought

"Do all the good you can,
By all the means you can,
In all the ways you can,
In all the places you can,
At all the times you can."

        Anonymous

20__ __ - _____
_____
_____

20__ __ - _____
_____
_____

20__ __ - _____
_____
_____

20__ __ - _____
_____
_____

20__ __ - _____
_____
_____

September 1

20___ ___ - _____

20___ ___ - _____

20___ ___ - _____

20___ ___ - _____

20___ ___ - _____

"If I have ever made any valuable discoveries,

September 2

20___ ___ - _____

20___ ___ - _____

20___ ___ - _____

20___ ___ - _____

20___ ___ - _____

September 3

20__ __ -

20__ __ -

20__ __ -

20__ __ -

20__ __ -

...it has been owing more to patient attention

September 4

20__ __ -

20__ __ -

20__ __ -

20__ __ -

20__ __ -

September 5

20__ __ -

20__ __ -

20__ __ -

20__ __ -

20__ __ -

"...than any other talent."
Isaac Newton

September 6

20__ __ -

20__ __ -

20__ __ -

20__ __ -

20__ __ -

September 7

20___ ___-

20___ ___-

20___ ___-

20___ ___-

20___ ___-

"I have a room all to myself; it is nature."
Henry David Thoreau

September 8

20___ ___-

20___ ___-

20___ ___-

20___ ___-

20___ ___-

September 9

20___ ___ - _____

20___ ___ - _____

20___ ___ - _____

20___ ___ - _____

20___ ___ - _____

"Remember to remember."
George Addair

September 10

20___ ___ - _____

20___ ___ - _____

20___ ___ - _____

20___ ___ - _____

20___ ___ - _____

September 11

20__ __ -

20__ __ -

20__ __ -

20__ __ -

20__ __ -

"No one can make you feel inferior

September 12

20__ __ -

20__ __ -

20__ __ -

20__ __ -

20__ __ -

September 13

20___ ___ -_____

20___ ___ -_____

20___ ___ -_____

20___ ___ -_____

20___ ___ -_____

"...without your consent."
Eleanor Roosevelt

September 14

20___ ___ -_____

20___ ___ -_____

20___ ___ -_____

20___ ___ -_____

20___ ___ -_____

September 15

20___ ___ - _____

20___ ___ - _____

20___ ___ - _____

20___ ___ - _____

20___ ___ - _____

"To doubt everything or to believe everything

September 16

20___ ___ - _____

20___ ___ - _____

20___ ___ - _____

20___ ___ - _____

20___ ___ - _____

September 17

20___ ___ -

20___ ___ -

20___ ___ -

20___ ___ -

20___ ___ -

...are two equally convenient solutions;

September 18

20___ ___ -

20___ ___ -

20___ ___ -

20___ ___ -

20___ ___ -

September 19

20__ __ -

20__ __ -

20__ __ -

20__ __ -

20__ __ -

"...both dispense with the necessity of reflection."
Jules Henri Poincsré

September 20

20__ __ -

20__ __ -

20__ __ -

20__ __ -

20__ __ -

September 21

20__ __ -_____

20__ __ -_____

20__ __ -_____

20__ __ -_____

20__ __ -_____

September 22

20__ __ -_____

20__ __ -_____

20__ __ -_____

20__ __ -_____

20__ __ -_____

September 23

20__ __ -_____

20__ __ -_____

20__ __ -_____

20__ __ -_____

20__ __ -_____

"My faith is brightest

September 24

20__ __ -_____

20__ __ -_____

20__ __ -_____

20__ __ -_____

20__ __ -_____

September 25

20__ __ -_____

_____

_____

20__ __ -_____

_____

_____

20__ __ -_____

_____

_____

20__ __ -_____

_____

_____

20__ __ -_____

_____

_____

…in the midst of impenetrable darkness."
Mohandas K. Gandhi

September 26

20__ __ -_____

_____

_____

20__ __ -_____

_____

_____

20__ __ -_____

_____

_____

20__ __ -_____

_____

_____

20__ __ -_____

_____

_____

September 27

20__ __ -_____
_____
_____

20__ __ -_____
_____
_____

20__ __ -_____
_____
_____

20__ __ -_____
_____
_____

20__ __ -_____
_____
_____

"The test of people is what they can do when they're tired."
Winston Churchill

September 28

20__ __ -_____
_____
_____

20__ __ -_____
_____
_____

20__ __ -_____
_____
_____

20__ __ -_____
_____
_____

20__ __ -_____
_____
_____

September 29

20__ __ - _____

20__ __ - _____

20__ __ - _____

20__ __ - _____

20__ __ - _____

*Most Nicaraguan children never touch a #2 pencil.

September 30

20__ __ - _____

20__ __ - _____

20__ __ - _____

20__ __ - _____

20__ __ - _____

September Month End Summary

20__ __ - _____

20__ __ - _____

20__ __ - _____

20__ __ - _____

20__ __ - _____

"...In America anyone can write their success."
Erenia Lara

Quarterly Questions – July through September   20 __ __

What Is My Favorite…

Adventure _____

Book _____

Chuckle _____

Day _____

Dream _____

Event _____

Exercise _____

Experience _____

Gift Given/Received _____

Hobby _____

Idea _____

Lesson _____

Love _____

Meal _____

Memory _____

Movie _____

Patience Builder _____

Person _____

Relaxation _____

Release _____

Song _____

Success _____

Thought or Quote _____

TV Show _____

Wish _____

Quarterly Questions – July through September   20 __ __

What Is My Favorite...

Adventure _____

Book _____

Chuckle _____

Day _____

Dream _____

Event _____

Exercise _____

Experience _____

Gift Given/Received _____

Hobby _____

Idea _____

Lesson _____

Love _____

Meal _____

Memory _____

Movie _____

Patience Builder _____

Person _____

Relaxation _____

Release _____

Song _____

Success _____

Thought or Quote _____

TV Show _____

Wish _____

Quarterly Questions – July through September   20 __ __

What Is My Favorite…

Adventure _____

Book _____

Chuckle _____

Day _____

Dream _____

Event _____

Exercise _____

Experience _____

Gift Given/Received _____

Hobby _____

Idea _____

Lesson _____

Love _____

Meal _____

Memory _____

Movie _____

Patience Builder _____

Person _____

Relaxation _____

Release _____

Song _____

Success _____

Thought or Quote _____

TV Show _____

Wish _____

Quarterly Questions – July through September   20 __ __

What Is My Favorite…

Adventure _____

Book _____

Chuckle _____

Day _____

Dream _____

Event _____

Exercise _____

Experience _____

Gift Given/Received _____

Hobby _____

Idea _____

Lesson _____

Love _____

Meal _____

Memory _____

Movie _____

Patience Builder _____

Person _____

Relaxation _____

Release _____

Song _____

Success _____

Thought or Quote _____

TV Show _____

Wish _____

Quarterly Questions – July through September   20 __ __

What Is My Favorite…

Adventure_____

Book _____

Chuckle_____

Day_____

Dream_____

Event_____

Exercise_____

Experience_____

Gift Given/Received _____

Hobby_____

Idea_____

Lesson_____

Love_____

Meal_____

Memory_____

Movie_____

Patience Builder _____

Person_____

Relaxation_____

Release_____

Song_____

Success_____

Thought or Quote _____

TV Show_____

Wish_____

October Focus Thought

"I believe four ingredients are necessary for happiness:
Health,
Warm personal relations,
Sufficient means to keep you from want,
and successful work."

                                                  Bertrand Russell

20__ __ -_____
_____
_____

20__ __ -_____
_____
_____

20__ __ -_____
_____
_____

20__ __ -_____
_____
_____

20__ __ -_____
_____
_____

October 1

20____ - _____

20____ - _____

20____ - _____

20____ - _____

20____ - _____

"No pessimist ever discovered the secrets of the stars,

October 2

20____ - _____

20____ - _____

20____ - _____

20____ - _____

20____ - _____

October 3

20___ ___ - _____

20___ ___ - _____

20___ ___ - _____

20___ ___ - _____

20___ ___ - _____

...or sailed to an uncharted land.

October 4

20___ ___ - _____

20___ ___ - _____

20___ ___ - _____

20___ ___ - _____

20___ ___ - _____

October 5

20___ ___ - _____

20___ ___ - _____

20___ ___ - _____

20___ ___ - _____

20___ ___ - _____

...or opened a new heaven to the human spirit."
Helen Keller

October 6

20___ ___ - _____

20___ ___ - _____

20___ ___ - _____

20___ ___ - _____

20___ ___ - _____

October 7

20__ __ -

20__ __ -

20__ __ -

20__ __ -

20__ __ -

"An honest heart being the first blessing,

October 8

20__ __ -

20__ __ -

20__ __ -

20__ __ -

20__ __ -

October 9

20__ __ -_____

20__ __ -_____

20__ __ -_____

20__ __ -_____

20__ __ -_____

...a knowing head is the second."
Thomas Jefferson

October 10

20__ __ -_____

20__ __ -_____

20__ __ -_____

20__ __ -_____

20__ __ -_____

October 11

20__ __ -

20__ __ -

20__ __ -

20__ __ -

20__ __ -

"Saying is one thing

October 12

20__ __ -

20__ __ -

20__ __ -

20__ __ -

20__ __ -

October 13

20___ ___ - _____

20___ ___ - _____

20___ ___ - _____

20___ ___ - _____

20___ ___ - _____

...and doing is another."
Montaigne

October 14

20___ ___ - _____

20___ ___ - _____

20___ ___ - _____

20___ ___ - _____

20___ ___ - _____

October 15

20___ ___ -

20___ ___ -

20___ ___ -

20___ ___ -

20___ ___ -

"Even a thought, even a possibility,

October 16

20___ ___ -

20___ ___ -

20___ ___ -

20___ ___ -

20___ ___ -

October 17

20__ __ -_____

20__ __ -_____

20__ __ -_____

20__ __ -_____

20__ __ -_____

...can shatter us and transform us."
Friedrich Nietzsche

October 18

20__ __ -_____

20__ __ -_____

20__ __ -_____

20__ __ -_____

20__ __ -_____

October 19

20__ __ -

20__ __ -

20__ __ -

20__ __ -

20__ __ -

"The illusion that times that were are better than those that are,

October 20

20__ __ -

20__ __ -

20__ __ -

20__ __ -

20__ __ -

October 21

20___ ___ - _____

20___ ___ - _____

20___ ___ - _____

20___ ___ - _____

20___ ___ - _____

"...has probably pervaded all ages."
Horace Greeley

October 22

20___ ___ - _____

20___ ___ - _____

20___ ___ - _____

20___ ___ - _____

20___ ___ - _____

October 23

20__ __ - _____

20__ __ - _____

20__ __ - _____

20__ __ - _____

20__ __ - _____

"Show me a hero and I will write you a tragedy."
Francis Scott Fitzgerald

October 24

20__ __ - _____

20__ __ - _____

20__ __ - _____

20__ __ - _____

20__ __ - _____

October 25

20__ __ -_____

20__ __ -_____

20__ __ -_____

20__ __ -_____

20__ __ -_____

October 26

20__ __ -_____

20__ __ -_____

20__ __ -_____

20__ __ -_____

20__ __ -_____

October 27

20__ __ -_____

20__ __ -_____

20__ __ -_____

20__ __ -_____

20__ __ -_____

"Four things I am wiser to know:

October 28

20__ __ -_____

20__ __ -_____

20__ __ -_____

20__ __ -_____

20__ __ -_____

October 29

20__ __ -_____

20__ __ -_____

20__ __ -_____

20__ __ -_____

20__ __ -_____

"...idleness, sorrow, a friend, and a foe."
Dorothy Parker

October 30

20__ __ -_____

20__ __ -_____

20__ __ -_____

20__ __ -_____

20__ __ -_____

October 31

20__ __ - _____

20__ __ - _____

20__ __ - _____

20__ __ - _____

20__ __ - _____

October Month End Summary

20__ __ - _____

20__ __ - _____

20__ __ - _____

20__ __ - _____

20__ __ - _____

November Focus Thought

"A gift is pure when it is given from the heart
to the right person at the right time
and at the right place,
and we expect nothing in return."

                                        Bhagavad Gita

20__ __ -_____

_____

20__ __ -_____

_____

20__ __ -_____

_____

20__ __ -_____

_____

20__ __ -_____

_____

November 1

20__ __ -_____

20__ __ -_____

20__ __ -_____

20__ __ -_____

20__ __ -_____

"I love the man that can smile in trouble,

November 2

20__ __ -_____

20__ __ -_____

20__ __ -_____

20__ __ -_____

20__ __ -_____

November 3

20__ __ -_____

_____

_____

20__ __ -_____

_____

_____

20__ __ -_____

_____

_____

20__ __ -_____

_____

_____

20__ __ -_____

_____

_____

...that can gather strength from distress,

November 4

20__ __ -_____

_____

_____

20__ __ -_____

_____

_____

20__ __ -_____

_____

_____

20__ __ -_____

_____

_____

20__ __ -_____

_____

_____

November 5

20__ __ - _____

20__ __ - _____

20__ __ - _____

20__ __ - _____

20__ __ - _____

"...and grow brave by reflection."
Thomas Paine

November 6

20__ __ - _____

20__ __ - _____

20__ __ - _____

20__ __ - _____

20__ __ - _____

November 7

20__ __ - _____

20__ __ - _____

20__ __ - _____

20__ __ - _____

20__ __ - _____

"No killing, no lying, no stealing,

November 8

20__ __ - _____

20__ __ - _____

20__ __ - _____

20__ __ - _____

20__ __ - _____

November 9

20___ ___ -_____

20___ ___ -_____

20___ ___ -_____

20___ ___ -_____

20___ ___ -_____

...and no getting into someone's personal space uninvited."
The Duchess, Patricia Anne Steward

November 10

20___ ___ -_____

20___ ___ -_____

20___ ___ -_____

20___ ___ -_____

20___ ___ -_____

November 11

20__ __ - _____

20__ __ - _____

20__ __ - _____

20__ __ - _____

20__ __ - _____

"May you live all the days of your life."
Jonathan Swift

November 12

20__ __ - _____

20__ __ - _____

20__ __ - _____

20__ __ - _____

20__ __ - _____

November 13

20__ __ -_____

20__ __ -_____

20__ __ -_____

20__ __ -_____

20__ __ -_____

"It is your work in life that is the ultimate seduction."
Pablo Picasso

November 14

20__ __ -_____

20__ __ -_____

20__ __ -_____

20__ __ -_____

20__ __ -_____

November 15

20__ __ -_____

20__ __ -_____

20__ __ -_____

20__ __ -_____

20__ __ -_____

November 16

20__ __ -_____

20__ __ -_____

20__ __ -_____

20__ __ -_____

20__ __ -_____

November 17

20__ __ -_____
_____
_____

20__ __ -_____
_____
_____

20__ __ -_____
_____
_____

20__ __ -_____
_____
_____

20__ __ -_____
_____
_____

"When all else fails you might as well dance."
Eileen Bailey

November 18

20__ __ -_____
_____
_____

20__ __ -_____
_____
_____

20__ __ -_____
_____
_____

20__ __ -_____
_____
_____

20__ __ -_____
_____
_____

November 19

20__ __ -_____

20__ __ -_____

20__ __ -_____

20__ __ -_____

20__ __ -_____

"He turns not back who is bound to a star."
Leonardo da Vinci

November 20

20__ __ -_____

20__ __ -_____

20__ __ -_____

20__ __ -_____

20__ __ -_____

November 21

20___ ___ -

20___ ___ -

20___ ___ -

20___ ___ -

20___ ___ -

November 22

20___ ___ -

20___ ___ -

20___ ___ -

20___ ___ -

20___ ___ -

November 23

20__ __ -_____

20__ __ -_____

20__ __ -_____

20__ __ -_____

20__ __ -_____

"Happiness is not the absence of conflict,

November 24

20__ __ -_____

20__ __ -_____

20__ __ -_____

20__ __ -_____

20__ __ -_____

November 25

20__ __ - _____

20__ __ - _____

20__ __ - _____

20__ __ - _____

20__ __ - _____

...but the ability to deal with it."
Anonymous

November 26

20__ __ - _____

20__ __ - _____

20__ __ - _____

20__ __ - _____

20__ __ - _____

November 27

20__ __ -

20__ __ -

20__ __ -

20__ __ -

20__ __ -

"Very often it happens that a discovery is made

November 28

20__ __ -

20__ __ -

20__ __ -

20__ __ -

20__ __ -

November 29

20__ __ -_____

20__ __ -_____

20__ __ -_____

20__ __ -_____

20__ __ -_____

... whilst working upon quite another problem."
Thomas Alva Edison

November 30

20__ __ -_____

20__ __ -_____

20__ __ -_____

20__ __ -_____

20__ __ -_____

November Month End Summary

20__ __ - _____
_____
_____

20__ __ - _____
_____
_____

20__ __ - _____
_____
_____

20__ __ - _____
_____
_____

20__ __ - _____
_____
_____

"He who conquers himself is the mightiest warrior."
Confucius

December Focus Thought

" You gain strength, courage and confidence by every experience in which you really stop to look fear in the face ...You must do the thing you cannot do."

Eleanor Roosevelt

20__ __ -_____
_____

20__ __ -_____
_____

20__ __ -_____
_____

20__ __ -_____
_____

20__ __ -_____
_____

December 1

20__ __ -_____

20__ __ -_____

20__ __ -_____

20__ __ -_____

20__ __ -_____

"The secret of all those who make discoveries

December 2

20__ __ -_____

20__ __ -_____

20__ __ -_____

20__ __ -_____

20__ __ -_____

December 3

20__ __ - _____

20__ __ - _____

20__ __ - _____

20__ __ - _____

20__ __ - _____

...is that they regard nothing as impossible."
Justus Liebig

December 4

20__ __ - _____

20__ __ - _____

20__ __ - _____

20__ __ - _____

20__ __ - _____

December 5

20___ ___ - _____

20___ ___ - _____

20___ ___ - _____

20___ ___ - _____

20___ ___ - _____

"Dreams are necessary to life."
Anaïs Nin

December 6

20___ ___ - _____

20___ ___ - _____

20___ ___ - _____

20___ ___ - _____

20___ ___ - _____

December 7

20___ ___ -_____

20___ ___ -_____

20___ ___ -_____

20___ ___ -_____

20___ ___ -_____

"To love oneself

December 8

20___ ___ -_____

20___ ___ -_____

20___ ___ -_____

20___ ___ -_____

20___ ___ -_____

December 9

20__ __ -

20__ __ -

20__ __ -

20__ __ -

20__ __ -

"...is the beginning of a life-long romance."
Oscar Wilde

December 10

20__ __ -

20__ __ -

20__ __ -

20__ __ -

20__ __ -

December 11

20__ __ -_____

20__ __ -_____

20__ __ -_____

20__ __ -_____

20__ __ -_____

*Pain is inevitable.

December 12

20__ __ -_____

20__ __ -_____

20__ __ -_____

20__ __ -_____

20__ __ -_____

December 13

20__ __ -

20__ __ -

20__ __ -

20__ __ -

20__ __ -

"...Suffering is optional"
Anonymous

December 14

20__ __ -

20__ __ -

20__ __ -

20__ __ -

20__ __ -

December 15

20__ __ -

20__ __ -

20__ __ -

20__ __ -

20__ __ -

"The ability to concentrate and to use your time well

December 16

20__ __ -

20__ __ -

20__ __ -

20__ __ -

20__ __ -

December 17

20___ ___ - _____

20___ ___ - _____

20___ ___ - _____

20___ ___ - _____

20___ ___ - _____

"...is everything."
Lee Iacocca

December 18

20___ ___ - _____

20___ ___ - _____

20___ ___ - _____

20___ ___ - _____

20___ ___ - _____

December 19

20__ __ -_____

20__ __ -_____

20__ __ -_____

20__ __ -_____

20__ __ -_____

"The difficulties of life are intended to make us better,

December 20

20__ __ -_____

20__ __ -_____

20__ __ -_____

20__ __ -_____

20__ __ -_____

December 21

20___ ___ -_____

20___ ___ -_____

20___ ___ -_____

20___ ___ -_____

20___ ___ -_____

...not bitter."
Anonymous

December 22

20___ ___ -_____

20___ ___ -_____

20___ ___ -_____

20___ ___ -_____

20___ ___ -_____

December 23

20__ __ -

20__ __ -

20__ __ -

20__ __ -

20__ __ -

"What the caterpillar calls a tragedy,

December 24

20__ __ -

20__ __ -

20__ __ -

20__ __ -

20__ __ -

December 25

20__ __ -

20__ __ -

20__ __ -

20__ __ -

20__ __ -

...the Master calls a butterfly."
Richard Bach

December 26

20__ __ -

20__ __ -

20__ __ -

20__ __ -

20__ __ -

December 27

20___ ___ -_____

20___ ___ -_____

20___ ___ -_____

20___ ___ -_____

20___ ___ -_____

"You must have long-range goals

December 28

20___ ___ -_____

20___ ___ -_____

20___ ___ -_____

20___ ___ -_____

20___ ___ -_____

December 29

20___ ___ -_____

20___ ___ -_____

20___ ___ -_____

20___ ___ -_____

20___ ___ -_____

...to keep you from being frustrated

December 30

20___ ___ -_____

20___ ___ -_____

20___ ___ -_____

20___ ___ -_____

20___ ___ -_____

December 31

20__ __ -_____

20__ __ -_____

20__ __ -_____

20__ __ -_____

20__ __ -_____

"...by short-range failures."
Charles C. Noble

December Month End Summary

20__ __ -_____

20__ __ -_____

20__ __ -_____

20__ __ -_____

20__ __ -_____

Quarterly Questions – October through December   20 __ __

What Is My Favorite…

Adventure_____

Book _____

Chuckle_____

Day_____

Dream_____

Event_____

Exercise_____

Experience_____

Gift Given/Received _____

Hobby_____

Idea_____

Lesson_____

Love_____

Meal_____

Memory_____

Movie_____

Patience Builder _____

Person_____

Relaxation_____

Release_____

Song_____

Success_____

Thought or Quote _____

TV Show_____

Wish_____

Quarterly Questions – October through December   20 _ _

What Is My Favorite…

Adventure _____

Book _____

Chuckle _____

Day _____

Dream _____

Event _____

Exercise _____

Experience _____

Gift Given/Received _____

Hobby _____

Idea _____

Lesson _____

Love _____

Meal _____

Memory _____

Movie _____

Patience Builder _____

Person _____

Relaxation _____

Release _____

Song _____

Success _____

Thought or Quote _____

TV Show _____

Wish _____

Quarterly Questions – October through December 20 __ __

What Is My Favorite…

Adventure _____

Book _____

Chuckle _____

Day _____

Dream _____

Event _____

Exercise _____

Experience _____

Gift Given/Received _____

Hobby _____

Idea _____

Lesson _____

Love _____

Meal _____

Memory _____

Movie _____

Patience Builder _____

Person _____

Relaxation _____

Release _____

Song _____

Success _____

Thought or Quote _____

TV Show _____

Wish _____

Quarterly Questions – October through December   20 __ __

What Is My Favorite…

Adventure _____

Book _____

Chuckle _____

Day _____

Dream _____

Event _____

Exercise _____

Experience _____

Gift Given/Received _____

Hobby _____

Idea _____

Lesson _____

Love _____

Meal _____

Memory _____

Movie _____

Patience Builder _____

Person _____

Relaxation _____

Release _____

Song _____

Success _____

Thought or Quote _____

TV Show _____

Wish _____

Quarterly Questions – October through December   20 __ __

What Is My Favorite…

Adventure_____

Book _____

Chuckle_____

Day_____

Dream_____

Event_____

Exercise_____

Experience_____

Gift Given/Received _____

Hobby_____

Idea_____

Lesson_____

Love_____

Meal_____

Memory_____

Movie_____

Patience Builder _____

Person_____

Relaxation_____

Release_____

Song_____

Success_____

Thought or Quote _____

TV Show_____

Wish_____

Year End Questions   20 __ __

What Is My Favorite…

Adventure _____

Book _____

Chuckle _____

Day _____

Dream _____

Event _____

Exercise _____

Experience _____

Gift Given/Received _____

Hobby _____

Idea _____

Lesson _____

Love _____

Meal _____

Memory _____

Movie _____

Patience Builder _____

Person _____

Relaxation _____

Release _____

Song _____

Success _____

Thought or Quote _____

TV Show _____

Wish _____

Year End Questions   20 __ __

What Is My Favorite…

Adventure _____

Book _____

Chuckle _____

Day _____

Dream _____

Event _____

Exercise _____

Experience _____

Gift Given/Received _____

Hobby _____

Idea _____

Lesson _____

Love _____

Meal _____

Memory _____

Movie _____

Patience Builder _____

Person _____

Relaxation _____

Release _____

Song _____

Success _____

Thought or Quote _____

TV Show _____

Wish _____

Year End Questions   20 __ __

What Is My Favorite…

Adventure _____

Book _____

Chuckle _____

Day _____

Dream _____

Event _____

Exercise _____

Experience _____

Gift Given/Received _____

Hobby _____

Idea _____

Lesson _____

Love _____

Meal _____

Memory _____

Movie _____

Patience Builder _____

Person _____

Relaxation _____

Release _____

Song _____

Success _____

Thought or Quote _____

TV Show _____

Wish _____

Year End Questions   20 __ __

What Is My Favorite...

Adventure _____

Book _____

Chuckle _____

Day _____

Dream _____

Event _____

Exercise _____

Experience _____

Gift Given/Received _____

Hobby _____

Idea _____

Lesson _____

Love _____

Meal _____

Memory _____

Movie _____

Patience Builder _____

Person _____

Relaxation _____

Release _____

Song _____

Success _____

Thought or Quote _____

TV Show _____

Wish _____

Year End Questions   20 __ __

What Is My Favorite…

Adventure _____

Book _____

Chuckle _____

Day _____

Dream _____

Event _____

Exercise _____

Experience _____

Gift Given/Received _____

Hobby _____

Idea _____

Lesson _____

Love _____

Meal _____

Memory _____

Movie _____

Patience Builder _____

Person _____

Relaxation _____

Release _____

Song _____

Success _____

Thought or Quote _____

TV Show _____

Wish _____

The Best Thing That Happened To Me This Year Was…

20__ __ -_____

20__ __ -_____

20__ __ -_____

20__ __ -_____

20__ __ -_____

The Worst Thing That Happened To Me This Year Was…

20__ __ -_____

20__ __ -_____

20__ __ -_____

20__ __ -_____

20__ __ -_____

Q and A Year End   20 __ __

Name three likes -
_____
_____
_____

Name three dislikes -
_____
_____
_____

Name three good/easy things that happened this last year -
_____
_____
_____

Name three bad/hard things that happened this last year -
_____
_____
_____

What did I do for myself this year?
_____
_____
_____
_____

What did I do against myself this year?
_____
_____
_____
_____

Q and A Year End   20 __ __

If I could change one thing about myself, what would that be?
_____
_____
_____

If I could change one thing about my life, what would that be?
_____
_____
_____

If I could change one thing about the world, what would that be?
_____
_____
_____

What are three things I have changed or done differently this year?
_____
_____
_____

What are three things that I have kept the same?
_____
_____
_____

What are three things that I was reluctant to do, but did them anyway?
_____
_____
_____

What are three things that I was reluctant to do, but want to do this next year?
_____
_____
_____

Q and A Year End   20 __ __

Name three likes -
_____
_____
_____

Name three dislikes -
_____
_____
_____

Name three good/easy things that happened this last year -
_____
_____
_____

Name three bad/hard things that happened this last year -
_____
_____
_____

What did I do for myself this year?
_____
_____
_____
_____

What did I do against myself this year?
_____
_____
_____
_____

Q and A Year End   20 __ __

If I could change one thing about myself, what would that be?
_____
_____
_____

If I could change one thing about my life, what would that be?
_____
_____
_____

If I could change one thing about the world, what would that be?
_____
_____
_____

What are three things I have changed or done differently this year?
_____
_____
_____

What are three things that I have kept the same?
_____
_____
_____

What are three things that I was reluctant to do, but did them anyway?
_____
_____
_____

What are three things that I was reluctant to do, but want to do this next year?
_____
_____
_____

Q and A Year End   20 __ __

Name three likes -
_____
_____
_____

Name three dislikes -
_____
_____
_____

Name three good/easy things that happened this last year -
_____
_____
_____

Name three bad/hard things that happened this last year -
_____
_____
_____

What did I do for myself this year?
_____
_____
_____
_____

What did I do against myself this year?
_____
_____
_____
_____

Q and A Year End   20 __ __

If I could change one thing about myself, what would that be?

If I could change one thing about my life, what would that be?

If I could change one thing about the world, what would that be?

What are three things I have changed or done differently this year?

What are three things that I have kept the same?

What are three things that I was reluctant to do, but did them anyway?

What are three things that I was reluctant to do, but want to do this next year?

Q and A Year End   20 __ __

Name three likes -
_____
_____
_____

Name three dislikes -
_____
_____
_____

Name three good/easy things that happened this last year -
_____
_____
_____

Name three bad/hard things that happened this last year -
_____
_____
_____

What did I do for myself this year?
_____
_____
_____
_____

What did I do against myself this year?
_____
_____
_____
_____

Q and A Year End   20 __ __

If I could change one thing about myself, what would that be?
___
___
___

If I could change one thing about my life, what would that be?
___
___
___

If I could change one thing about the world, what would that be?
___
___
___

What are three things I have changed or done differently this year?
___
___
___

What are three things that I have kept the same?
___
___
___

What are three things that I was reluctant to do, but did them anyway?
___
___
___

What are three things that I was reluctant to do, but want to do this next year?
___
___
___

Q and A Year End   20 __ __

Name three likes -
_____
_____
_____

Name three dislikes -
_____
_____
_____

Name three good/easy things that happened this last year -
_____
_____
_____

Name three bad/hard things that happened this last year -
_____
_____
_____

What did I do for myself this year?
_____
_____
_____
_____

What did I do against myself this year?
_____
_____
_____
_____

Q and A Year End   20 __ __

If I could change one thing about myself, what would that be?
___
___
___

If I could change one thing about my life, what would that be?
___
___
___

If I could change one thing about the world, what would that be?
___
___
___

What are three things I have changed or done differently this year?
___
___
___

What are three things that I have kept the same?
___
___
___

What are three things that I was reluctant to do, but did them anyway?
___
___
___

What are three things that I was reluctant to do, but want to do this next year?
___
___
___

_____ **(Create Your Own Topic)**

20__ __ -_____
_____
_____

20__ __ -_____
_____
_____

20__ __ -_____
_____
_____

20__ __ -_____
_____
_____

20__ __ -_____
_____
_____

_____ **(Create Your Own Topic)**

20__ __ -_____
_____
_____

20__ __ -_____
_____
_____

20__ __ -_____
_____
_____

20__ __ -_____
_____
_____

20__ __ -_____
_____
_____

Year End Summary

20__ __ - _____

_____

_____

20__ __ - _____

_____

_____

20__ __ - _____

_____

_____

20__ __ - _____

_____

_____

20__ __ - _____

_____

_____

THE 5 YEAR JOURNAL Summary

_____
_____
_____
_____
_____
_____
_____
_____
_____
_____
_____
_____
_____
_____
_____

THE 5 YEAR JOURNAL

Encouragement To Keep On Journalizing Next Year

The end of this year is here. It is now time to turn the page into the next year, your New Year. A whole new unwritten script awaits you. More thoughts, more feelings, more of life to be experienced and written down. This Journal, these writings, your writings are <u>for</u> you. For your benefit. For your growth.

- Take some time for yourself, with your Journal, at the end of this year or the beginning of the New Year and reflect.
- Find a quiet time. Find a quiet place.
- Re-read your Journal. Browse through or read it cover to cover.
- Evaluate where you are at today, reflect on where you've come from, and think about where you want to go in your life.
- Remember all that you accomplished this last year. Honor it and yourself.
- Realize how you have changed.
- Think about what you still want to change.
- Take an honest look at yourself and all that you are.
- Even look at what you may not be now.
- You now have the tool of your Journal to add to your life and well-being.
- Experience what you've said, what you've felt, what you've wanted, what you got.
- Remember. Reflect.
- Use your Journal to assist you in the experiences of your life, your daily living.
- Set your Goals for the New Year; write them in your Journal.
- Determine your Resolutions; write them down in your Journal.
- Continue your habit of scheduling a place and a time for you and your Journal.
- Daily, keep tracking your life in your Journal.
- Write it down, get it out.
- Your Journal is a tool that can assist you with the work and the fun in life, of life.
- Re-read Doreene's Reflections and Using This Journal & Workbook Sections.

The day will arrive when your Journal is full – 5 years will have passed, and you will be starting another 5 YEAR JOURNAL. You'll have placed your Journal in that special place, proud as you pass by, realizing your accomplishments – what you have gained and what you have given.

CONGRATULATIONS !

Doreene Clement

Doreene Clement was a youngster when she began working in several Arizona restaurants that were owned and operated by her mother. Even at 11, she was naturally gifted as a people-person. It was here she learned about business and the value of self-reliance.

At 23 she purchased and completely revamped an already successful craft store in Greater Phoenix. Offering a welcome multi-faceted inventory of supplies and products, she developed extensive classes and workshops for the public.

Phoenix's primary television talk show host, Rita Davenport of "Open House with Rita Davenport", was already a daily staple for Metro Phoenix when they offered Doreene her own weekly craft demonstration segment.

Seeking for others to gain confidence in their own abilities, Doreene began producing a series of craft instruction books, which she designed, wrote and co-wrote. She also self-published and distributed them – attaining combined sales of over 1 million copies.

Next, the self-motivated and diversified entrepreneur created a highly successful residential and commercial painting company, based in Scottsdale, Arizona. Omni Painting was in business for over 20 years, successfully coloring Phoenix, The Valley of The Sun.

In 1999 Doreene self-published THE 5 YEAR JOURNAL, where the user can journal daily the next 5 years in just minutes a day. In 2002 she started her column, About Journaling, writing articles on how to keep a journal or diary.

Presently, a cancer victor, she is currently writing a new book then a movie titled Blessed, about her life and cancer experience, that includes her daily journal entries fom her cancer journey. www.DoreeneClement.com